MODIFICATIONS APPORTÉES AU CAHIER

DES

CLAUSES ET CONDITIONS

GÉNÉRALES

Du 16 Novembre 1866

Par la Circulaire de M. le Ministre des Travaux publics
du 14 Avril 1877

Suivi du Texte de cette Circulaire

PAR

CH. BARRY

Docteur en droit,
Ancien Auditeur au Conseil d'Etat,
Avocat au Conseil d'Etat et à la Cour de Cassation.

PARIS

MARCHAL, BILLARD et Cᵉ

LIBRAIRIE DE LA COUR DE CASSATION
Place Dauphine, 27.

DES MODIFICATIONS APPORTÉES AU CAHIER

DES

CLAUSES ET CONDITIONS

GÉNÉRALES

du 16 Novembre 1866

Par la Circulaire de M. le Ministre des Travaux publics
du 14 Avril 1877

Suivi du Texte de cette Circulaire

PAR

CH. BARRY

Docteur en droit,
Ancien Auditeur au Conseil d'Etat,
Avocat au Conseil d'Etat et à la Cour de Cassation.

∼∽✦∽∼

PARIS

MARCHAL, BILLARD et Cᵉ

LIBRAIRIE DE LA COUR DE CASSATION
Place Dauphine, 27.

PARIS

IMPRIMERIE DE E. BRIÈRE

257, rue Saint-Honoré, 257.

AVERTISSEMENT

Une Circulaire adressée aux Préfets, le 14 Avril 1877, a porté à la connaissance du public un certain nombre de clauses que le Conseil général des Ponts et Chaussées a manifesté le désir de voir introduire dans les devis des grands travaux, et auxquelles M. le Ministre des Travaux publics a donné son approbation.

Après avoir étudié les modifications apportées par cette Circulaire au cahier des Clauses et Conditions générales, il nous a paru que la question était de nature à intéresser tous les entrepreneurs et nous nous sommes décidé à réunir les articles qui ont paru, sur ce sujet, dans le Journal des Travaux Publics.

Nous avons reproduit à la suite le texte de la Circulaire du 14 Avril.

Nos lecteurs voudront bien ne pas oublier l'origine de ce petit travail; c'est cette origine qui en explique la forme.

Paris, le 30 juin 1877.

DES

CLAUSES ET CONDITIONS

GÉNÉRALES

Du 16 Novembre 1866

Par la Circulaire de M. le Ministre des Travaux
publics du 14 Avril 1877

—◇—

CHAPITRE Ier

DISPOSITIONS DU CAHIER DE 1866 RELATIVES A
LA SUSPENSION DES TRAVAUX. — INTERPRÉ-
TATION DONNÉE A CES DISPOSITIONS PAR LA
JURISPRUDENCE DU CONSEIL D'ÉTAT.

Pour se rendre compte des modifications
introduites par la circulaire ministérielle du
14 avril et apprécier qu'elles peuvent avoir
de favorable ou de contraire aux intérêts
entrepreneurs, il importe tout d'abord de
rappeler les principes qui constituent le droit

commun, c'est-à-dire les règles qui résultent du cahier des clauses et conditions générales et de la jurisprudence du Conseil d'Etat.

1. Le cahier des clauses et conditions générales de 1833 ne contenait aucune règle relative à la durée des travaux; il prescrivait, d'une manière générale, à l'entrepreneur de se conformer aux prescriptions des ingénieurs et disposait seulement (art. 36) que, si l'Administration ordonnait *la cessation absolue ou l'ajournement indéfini* des travaux adjugés, il pourrait requérir qu'il fût procédé de suite à la réception provisoire des ouvrages exécutés et à la réception définitive après l'expiration du délai de garantie. L'art. 40 ajoutait que, dans ce cas, le matériel indispensable à l'entreprise serait acquis par l'Etat au taux du commerce et il pourrait être alloué à l'entrepreneur une indemnité dont le montant serait fixé par l'Administration et qui ne devrait pas excéder le cinquantième du montant des dépenses restant à faire en vertu de l'adjudication.

Aucun article ne prévoyait la suspension des travaux qui ne constituerait pas un *ajournement indéfini* et le Conseil d'Etat en avait conclu qu'une suspension de cette nature ne pouvait, dans aucune circonstance, motiver l'allocation d'une indemnité au profit de l'entrepreneur. Ainsi, dans une affaire où les travaux avaient été suspendus pendant les cinq mois de l'été, pour permettre à l'Administration d'étudier une modification de tracé, le Conseil avait rejeté la demande d'indemnité par le motif « qu'en dehors des prévisions des art. 36 et 40 du cahier des clauses et conditions générales de 1833, applicables à l'entreprise, les entrepreneurs de travaux publics ne peuvent réclamer aucune indemnité à raison des dommages que leur occasionnent les retards apportés par l'Administration dans l'exécution des travaux de leur entreprise. » (16 mai 1870, Sogno.)

Telle était la situation faite aux entrepreneurs sous l'empire du cahier de 1833 et de l'ancienne jurisprudence du Conseil d'Etat: Aucune indemnité en dehors de l'ajournement *indéfini* des travaux ; aucune précision pour fixer le sens de ces expressions, si bien qu'une suspension de travaux ayant duré plus d'un an avait pu être considérée comme n'ayant pas le caractère d'un ajournement indéfini (14 juin 1855, Dixmer); enfin, en cas de résiliation de l'entreprise, limitation du dédommagement au cinquantième du montant des dépenses restant à faire en vertu de l'adjudication.

Aucune disposition de l'ancien cahier n'appelait d'une manière plus pressante un retour aux principes de la justice et du droit.

2. L'Administration a bien voulu le reconnaître, et, lorsqu'elle a préparé le nouveau cahier de 1866, elle a introduit dans l'art. 34, qui correspond aux art. 36 et 40 du cahier de 1833 des améliorations importantes.

D'une part, l'ajournement qui donne à l'entrepreneur le droit de résilier le marché est nettement déterminé : la résiliation résulte *de plein droit* de la *cessation absolue* des travaux, elle est prononcée *sur la demande de l'entrepreneur*, en cas d'ajournement *pendant plus d'une année*.

D'autre part, l'indemnité allouée, en cas de résiliation, n'est plus soumise à une restriction exceptionnelle : le prix du matériel nécessaire pour l'achèvement des travaux est réglé à dire d'experts ; les dommages-intérêts comprennent, suivant la règle ordiraire (art. 1794 du Code civil), les dépenses faites par l'entrepreneur et les bénéfices qu'il aurait pu réaliser dans son entreprise.

3. On ne saurait méconnaître la portée de ces réformes. Cependant, quelque équitables qu'elles soient, elles n'auraient pas suffi à sauvegarder les intérêts des entrepreneurs, si elles n'avaient pas trouvé leur complément indispensable dans la jurisprudence du Conseil d'Etat.

On comprend, en effet, que la garantie donnée à l'entrepreneur contre la suspension de ses travaux pendant plus d'une année perdrait beaucoup de sa valeur, s'il était obligé de supporter sans indemnité toutes les suspensions de moindre durée qu'il plairait à l'Administration de lui imposer. C'est pourtant ce qui aurait lieu si l'on interprétait l'art. 34 comme l'arrêt du 16 mars 1870 a interprété l'article correspondant du cahier de 1833.

Mais la doctrine consacrée par cet arrêt ne reposait pas sur une base solide. De ce que le cahier des conditions générales accorde aux entrepreneurs le droit de demander la résiliation de leur marché lorsque la suspension des travaux se produit dans des conditions déterminées, il ne s'ensuit pas qu'il les prive du droit commun de demander la réparation du préjudice que l'Administration peut leur causer par des retards qui n'étaient pas prévus par les parties au moment de l'adjudication. C'est ainsi que le Conseil d'Etat décide avec raison que la faculté donnée à l'entrepreneur par l'art. 33 du cahier des conditions générales de demander la résiliation du contrat, à raison de l'augmentation des prix, ne fait pas obstacle à l'exercice du droit que l'entrepreneur puise dans l'art. 1382 du Code civil, de réclamer une indemnité lorsque l'augmentation des prix provient d'un acte de l'Administration contraire aux conditions du marché.

4. L'esprit d'équité que le Conseil apporte toujours dans le jugement des contestations élevées entre l'Administration et les entrepreneurs ne lui permettait pas de maintenir définitivement une interprétation aussi rigoureuse. Aussi n'a-t-il pas tardé à l'abandonner pour y substituer une jurisprudence plus équitable, dont nos lecteurs ont pu suivre le développement dans le *Journal des Travaux publics*. (V., notamment, les n°[os] des 1er et 8 mai 1873 ; 5, 19 et 22 mars 1874.)

Ainsi, le Conseil a fait droit à la demande d'indemnité formée par un entrepreneur dont les travaux avaient été terminés deux ans plus tôt que ne le comportaient les prévisions du devis, par suite de l'activité extraordinaire déployée sur les chantiers

d'après les ordres des ingénieurs (26 septembre 1871, Colas);

Il a accordé, dans le cas contraire, des
dommages-intérêts à un entrepreneur à
raison des retards apportés à l'exécution des
travaux, « par le fait de l'Administration,
» qui avait prolongé pendant plus de 10 ans
» une entreprise dont la durée prévue, ainsi
» qu'il était reconnu par les ingénieurs, ne
» devait pas excéder 4 à 5 ans. » (2 mai
1873, Monjalon);

Enfin, en prononçant la résiliation de
l'entreprise du bassin à flot de Saint-Na-
zaire, à raison de l'ajournement indéfini des
travaux, à partir du 5 septembre 1871, il a
alloué aux entrepreneurs une indemnité
par le motif que les travaux, « complétement
» arrêtés à la fin d'octobre 1870, avaient été
» ralentis d'une manière très-préjudiciable
» aux entrepreneurs, dès la fin de la campa-
» gne de 1869, par le fait de l'Administra-
» tion, qui attendait, pour permettre aux
» entrepreneurs d'achever leur entreprise,
» l'accomplissement d'autres travaux qui de-
» vaient être opérés en régie par d'autres en-
» trepreneurs. » (13 mars 1874, Monjalon.)

La formule adoptée par cet arrêt, pour
constater le droit des entrepreneurs, se
trouve reproduite à peu près textuellement
dans les arrêts postérieurs; elle résume la
jurisprudence définitive du Conseil d'Etat
en ces termes :

« Considérant que l'indemnité prévue par les arti-
» cles 36 et 40 (art. 34 du nouveau cahier), pour le fait
» même de la résiliation de l'entreprise, est étran-
» gère à celle qui peut être due aux entrepreneurs,

» à raison du dommage que leur a fait éprouver le
» ralentissement prolongé ou la suspension des
» travaux provenant du fait de l'Administration.»

5. Mais le Conseil d'Etat a fait une exception à ce principe pour le cas prévu par
l'article 49 du cahier des clauses et conditions générales, c'est-à-dire lorsque la suspension des travaux est motivée par le défaut de crédits. « Les paiements ne pouvant
être faits qu'au fur et à mesure des fonds
disponibles, porte cet article, il ne sera jamais alloué d'indemnité, sous aucune déno-
mination, pour retard de paiement pendant
l'exécution des travaux. »

Le Conseil d'Etat a pensé que cette disposition était incompatible avec l'allocation
d'une indemnité pour retard dans l'exécution des travaux. C'est ainsi que, dans
un arrêt récent (29 décembre 1876, Chevalier), il a rejeté une demande d'indemnité
fondée sur l'insuffisance des crédits annuels
et la suspension des travaux ordonnés précé-
demmment par les ingénieurs, par les motifs
suivants :

« Considérant, d'une part, qu'aucun délai n'avait
été fixé pour l'achèvement des travaux ;

» Considérant, d'autre part, que si l'Administration, à trois reprises différentes, a invité l'entrepreneur à suspendre momentanément ses travaux, il
résulte de l'instruction que ces suspensions, moti-
vées par l'épuisement du crédit annuel, n'ont jamais eu la durée d'une année ;

» Qu'ainsi, le sieur Chevalier n'est pas fondé à
soutenir que les travaux ont été prolongés par
l'Administration au delà des délais qui avaient été
prévus par les parties, et à réclamer pour ce motif
une indemnité. »

Nous avons eu plusieurs fois l'occasion de nous expliquer sur cette jurisprudence, qui .ait, de l'article 49, l'un des plus dangereux et des moins équitables du cahier des clauses et conditions générales. (V. notamment le *Journal des Travaux publics* du 28 février 1875).

6. Indépendamment du défaut de crédits disponibles, les arrêts du Conseil d'Etat admettent une seconde exception aux principes établis par l'article 34 et par la jurisprudence, pour le cas où l'ajournement des travaux aurait été rendu nécessaire par des circonstances de force majeure (8 mai 1874, Ladouceur, 5 juin 1874, Beretta). C'est l'application de l'article 1148 du Code civil, d'après lequel « il n'y a lieu à aucuns dommages et intérêts, lorsque, par suite d'une force majeure ou d'un cas fortuit, le débiteur a été empêché de donner ou de faire ce à quoi il était obligé. »

7. Mais ces exceptions doivent être renfermées avec soin dans les termes des clauses sur lesquelles elles s'appuient. Le défaut de crédits disponibles dispense l'Administration des dommages - intérêts auxquels pourrait donner lieu la suspension des travaux, mais non de l'indemnité due à l'entrepreneur pour le fait même de la résiliation.

Les cas de force majeure la dispensent, au contraire, des dommages-intérêts relatifs à la suspension des travaux et « des conséquences de la résiliation prévues par l'article 34 » (arrêt Ladouceur), c'est-à-dire des dommages-intérêts auxquels donne droit, en principe, la résiliation de l'entreprise.

Mais, ni le défaut de crédits ni les circonstances de force majeure ne privent l'entrepreneur du droit de demander la résiliation du marché dès que la suspension des travaux s'est prolongée pendant plus d'une année.

8. Il ne nous reste plus, pour terminer l'exposé des principes qu'il était nécessaire de rappeler avant d'aborder l'examen de la circulaire du 14 avril, qu'à invoquer un arrêt du 7 janvier 1876 (hospices de Bordeaux), par lequel le Conseil d'État a déterminé le sens et la portée de l'article 31 du cahier des clauses et conditions générales, au regard de l'article 34.

L'Administration s'était prévalue du droit que lui donne l'article 31 de diminuer la masse des travaux jusqu'à concurrence d'un sixième, sans que l'entrepreneur puisse élever aucune réclamation, pour soutenir que dans le cas où la résiliation est prononcée en vertu de l'article 34, l'indemnité due à l'entrepreneur doit être réduite dans la même proportion, c'est-à-dire qu'elle doit être calculée sur le montant des travaux qui restent à exécuter, déduction faite dn sixième de l'entreprise.

Mais ce système a été repoussé par le Conseil d'Etat, qui a décidé, au contraire, que l'indemnité doit être calculée sur le montant total des travaux qui restent à exécuter au moment de la résiliation. (V. le *Journal des Travaux publics* des 13 et 17 février 1876.)

Nous verrons que M. le ministre des travaux publics a introduit dans la circulaire du 14 avril la restriction que l'Administration avait défendue sans succès devant le Conseil d'Etat.

CHAPITRE II

MOTIFS SUR LESQUELS S'APPUIE LA CIRCULAIRE DU 14 AVRIL POUR MODIFIER LE CAHIER DES CLAUSES ET CONDITIONS GÉNÉRALES.

9. La circulaire du 14 avril se divise en trois parties. Dans la première, M. le Ministre des travaux publics rappelle les dispositions du cahier des clauses et conditions générales du 25 août 1833 relatives à la cessation absolue ou à l'ajournement indéfini des travaux, et les changements apportés à ces dispositions par les art. 34 et 43 du cahier du 16 nov. 1866. Dans la seconde, il fait connaître « les appréciations auxquelles ces articles ont donné lieu et qui lui paraissent de nature à créer une jurisprudence dangereuse pour les intérêts de l'Etat. » Enfin, dans la troisième, il indique « les clauses spéciales destinées à compléter les clauses et conditions générales, » qui devront être introduites désormais dans les devis des projets importants.

Nous nous sommes expliqué par avance sur la première partie ; il nous reste à traiter de la seconde et de la troisième.

10. Et d'abord sur quelles raisons se fonde l'Administration pour prescrire la modification des art. 34 et 43 des clauses et conditions générales ?

Nous devons déclarer que, bien que nous ayons étudié avec le plus grand soin la circulaire du 14 avril, il ne nous a pas été pos-

sible de nous rendre un compte bien exact
des dangers qu'elle signale : nos lecteurs
pourront en juger, en relisant la seconde partie de la circulaire.

Après avoir rappelé les dispositions équitables de l'arrêté du 16 nov. 1866, la circulaire ajoute :

Cependant, ces nouvelles dispositions n'ont
pas fait disparaître toute difficulté, et si elles
peuvent être considérées comme plus équitables
en faveur des entrepreneurs, elles paraissent avoir,
dans une certaine mesure, compromis les intérêts
de l'Etat.

Il est arrivé, en effet, que la résiliation a été
prononcée, soit parce que l'ajournement était
prescrit pendant plus d'une année, soit parce que
le Conseil de préfecture avait jugé que les crédits
ouverts n'étaient pas en rapport avec les dépenses
d'installation de l'entrepreneur ; l'Administration
s'est trouvée, alors, en présence du principe établi
par l'art. 1794 du Code civil, c'est-à-dire dans
l'obligation de dédommager l'entrepreneur de
toutes ses dépenses, de tous ses travaux et de
tout ce qu'il aurait pu gagner dans son entreprise.

On comprend que, lorsqu'il s'agit de travaux
de routes, le matériel employé à ces travaux est
trop peu important, eu égard à la somme de dépense, pour qu'il y ait lieu, de ce côté, de redouter de grands embarras. Mais il n'en est pas
de même pour d'autres catégories d'entreprises,
telles, par exemple, que celles qui ont pour objet
l'établissement de chemins de fer, la construction
de ponts ou autres ouvrages d'art, l'exécution de
travaux à la mer, etc. Dans ce dernier cas, une
dépense relativement considérable s'impose pour
le matériel seul.

La question des crédits, lorsqu'il s'agit d'une
entreprise importante, n'est pas moins délicate.
Tout entrepreneur sérieux, en se présentant à

une adjudication, doit chercher à se rendre compte du temps qui sera employé à l'exécution complète des travaux qu'il soumissionne. Le temps est, en effet, l'un des éléments essentiels de la dépense ; cependant, la durée d'exécution n'est généralement pas limitée dans les projets de travaux publics qui servent de base aux adjudications, et si on l'indique quelquefois, ce n'est qu'à titre de simple renseignement et sans engager à aucun degré l'Administration, qui ne peut elle-même, en effet, disposer à l'avance de crédits non votés.

Cette liberté absolue que l'Administration est obligée de se réserver, a souvent pour conséquence d'imposer aux entrepreneurs des charges imprévues, et par cela même peu équitables, si, au lieu d'ajourner indéfiniment les travaux ou de les suspendre pendant plus d'une année, seul cas prévu par l'art. 34, elle ne peut accorder pendant plusieurs années successives que des crédits hors de proportion avec les dépenses d'installation et avec l'importance de l'entreprise. Aussi, bien que le cahier des clauses et conditions générales soit muet à cet égard, il arrive que, dans des cas semblables, l'Administration prononce souvent d'elle-même la résiliation de l'entreprise ou que les tribunaux administratifs, par des décisions plus conformes à l'équité qu'au droit rigoureux, assimilent le ralentissement des travaux à cette suspension ou à cet ajournement prévu par l'art. 34. C'est ainsi que les Conseils de préfecture, peu familiers avec l'art des constructions, et s'appuyant sur les règles du droit commun, sont amenés à appliquer, souvent au grand détriment du Trésor, l'art. 1794 du Code civil, dont le principe est rigoureusement juste, mais dont l'application présente tant de difficultés et d'incertitude.

Si nous ne nous trompons, les diverses considérations se résument en ces termes : «Par suite d'une extension abusive des dispositions de l'article 34 des clauses et conditions générales, la jurisprudence accorde aux entrepreneurs le droit de demander la résiliation de leur marché dans deux hypothèses qui ne rentrent cependant pas dans les prévisions de cet article ; c'est, d'une part, lorsque les crédits ouverts ne sont pas en rapport avec les dépenses d'installation de l'entrepreneur ; d'autre part, lorsque l'Administration ne peut accorder que des crédits hors de proportion avec l'importance de l'entreprise, et que les travaux subissent, par ce fait, un ralentissemeut considérable. Il en résulte que les Conseils de préfecture appliquent l'art. 1794 du Code civil dans des circonstances où l'Administration devrait être affranchie de ses dispositions rigoureuses. »

11. Nous conviendrons volontiers que, si la jurisprudence avait interprété ainsi l'article 34 des clauses et conditions générales, l'Administration agirait sagement en prenant ses mesurés pour remédier aux inconvénients d'une interprétation aussi arbitraire.

Mais il s'en faut de beaucoup que telle soit la jurisprudence du Conseil d'Etat. Bien au contraire, le Conseil n'a jamais autorisé les entrepreneurs à demander la résiliation de leur marché à raison de l'insuffisance des crédits ou du ralentissement des travaux.

Alors même que le ralentissement était imputable exclusivement à la volonté ou même à la faute de l'Administration, il a toujours décidé qu'il ne pouvait pas motiver la résiliation de l'entreprise et que, tant qu'il n'y avait pas eu cessation absolue des travaux ou ajournement de plus d'une année, l'article 34 ne pouvait pas recevoir d'application. (V. notamment l'arrêt du 13 février 1874, Fleurant.)

C'est ainsi que dans l'affaire Monjalon, du 13 mars 1874, il n'a prononcé la résiliation de l'entreprise qu'à partir du 5 septembre 1871, bien que, d'après les constatations mêmes de l'arrêt, « les travaux, complétement arrêtés à la fin d'octobre 1870, eussent été ralentis d'une manière très-préjudiciable aux entrepreneurs dès la fin de la campagne de 1869. »

12. Il est vrai que dans ces affaires et dans d'autres affaires semblables, le Conseil d'Etat a accordé une indemnité aux entrepreneurs à raison des retards dont ils avaient été victimes. Mais il faut bien remarquer que cette indemnité est fondée sur les principes généraux du droit en matière de contrats et qu'elle est absolument indépendante des dispositions de l'article 34 des clauses et conditions générales, de sorte que, cet article fût-il complétement supprimé, il ne serait rien changé pour cela à la jurisprudence du Conseil d'Etat.

C'est ce que le Conseil a fait ressortir, en indiquant dans ses arrêts, que

« l'indemnité prévue par l'article 34, pour le fait même de la résiliation de l'entreprise, est étrangère à celle qui peut être due aux entrepreneurs à raison du dommage que leur a fait éprouver le ralentissement prolongé ou la suspension des travaux provenant du fait de l'Administration. »

Il faut remarquer également que l'indemnité qui est accordée dans ces circonstances n'entraîne ni la reprise du matériel par l'Administration, ni l'application de l'article 1794 du Code civil, dont les règles sont spéciales au cas de résiliation. Il ne peut être question, en effet, de dédommager l'entrepreneur « *de toutes ses dépenses, de tous ses travaux et des bénéfices qu'il aurait réalisés dans son entreprise,* » puisque les travaux continuent et que l'entrepreneur est à même de tirer parti de ses dépenses et de réaliser les bénéfices sur lesquels il a légitimement compté en soumissionnant. Il s'agit uniquement de le dédommager du préjudice que la suspension momentanée ou le ralentissement anormal des travaux lui a causé et, dès lors, les éléments de l'indemnité à laquelle il a droit consistent dans la perte de temps qui lui a été imposée, dans l'intérêt des fonds engagés dans l'entreprise, ainsi que dans la dépréciation du matériel et dans la partie des frais généraux indépendante de l'activité imprimée aux travaux. (V. l'arrêt du 26 février 1875, Agustinetty, et le *Journal des Travaux publics* du 11 février et du 11 mars 1875.)

13. Non-seulement le manque de crédits disponibles n'expose pas l'Administration à voir prononcer la résiliation de l'entreprise en dehors des cas fixés par l'article 34 ; mais il ne l'expose même pas à payer une indem-

nité à raison du ralentissement ou de la suspension des travaux. En effet, nous avons vu au paragraphe 4 que, lorsque la suspension est due au défaut de crédits disponibles, le Conseil d'Etat applique l'article 49 du cahier des clauses et conditions générales et refuse toute indemnité à l'entrepreneur, à moins que l'entreprise ne se soit prolongée au delà du délai fixé pour son achèvement.

Dans ces conditions, il faut bien reconnaître que les intérêts de l'Etat sont loin d'être compromis par la jurisprudence du Conseil d'Etat.

CHAPITRE III

PREMIÈRE RÉFORME INTRODUITE PAR LA CIRCU-
LAIRE DU 14 AVRIL. — LIMITATION DE LA
DURÉE DES TRAVAUX.

14. Non seulement les dispositions de
l'article 34 des clauses et conditions générales, telles qu'elles ont été interprétées par
la jurisprudence, n'ont pas compromis les
intérêts de l'Etat ; mais nous devons ajouter
qu'elles n'ont pas complétement sauvegardé
les droits des entrepreneurs.

En appliquant à la suspension des travaux
motivée par le défaut de crédits disponibles
les règles fixées par l'article 49 « pour *retard
de paiement* pendant l'exécution des travaux », le Conseil d'Etat a donné aux dispositions exceptionnelles de cet article une
extension que ses termes ne nous paraissent
pas comporter et qui, dans tous les cas, a
pour conséquence de laisser à l'Administration un pouvoir discrétionnaire sur la marche
des travaux, au moyen de la répartition des
crédits.

Il est vrai que le Conseil reconnaît lui-
même les inconvénients de sa jurisprudence
et qu'il a essayé de poser une limite à ce
pouvoir en obligeant l'Administration à se
renfermer dans les délais prévus par les parties pour l'achèvement des travaux. Mais
lorsque la durée de l'entreprise n'est pas
fixée par le cahier des charges, comme cela
a lieu généralement pour les travaux des
ponts-et-chaussées, l'Administration est fon-

dée, jusqu'à un certain point, à soutenir que cette durée « n'est pas limitée » ; du moins, il est bien difficile de déterminer avec quelque certitude les délais qui ont pu être prévus par les parties contractantes.

15. Aussi applaudissons-nous sans réserve à la réforme proposée par le Conseil général des ponts-et-chaussées dans le but de « rassurer l'entrepreneur contre les pertes que pourrait lui faire éprouver l'insuffisance des crédits et de supprimer toute contestation lorsque les travaux subissent un ralentissement imprévu. »

Cette réforme consiste à introduire, dans les devis des grands travaux, des clauses spéciales destinées à compléter les dispositions des articles 34 et 49 du cahier des conditions générales. A cet effet, le cahier des charges devra indiquer, entre deux limites assez rapprochées, la durée probable des travaux et fixer l'indemnité annuelle à laquelle l'entrepreneur aura droit dans le cas où la limite extrême se trouvera dépassée. De plus, l'entrepreneur pourra demander la résiliation de son marché, si l'entreprise se prolonge au-delà d'un nombre d'années déterminé ; cette résiliation sera assimilée à celle qui est prévue par l'article 34 pour le cas où l'Administration prescrit la cessation absolue des travaux ou leur ajournement pendant plus d'une année.

La circulaire fait, à titre d'exemple, l'application des clauses dont il s'agit à une entreprise dont la durée est fixée à 3 ou 4 ans. Dans ce cas, l'entrepreneur aura droit

à l'indemnité annuelle fixée par le devis à
partir de la cinquième année et, de plus, il
pourra demander la résiliation du marché à
l'expiration de la sixième année.

16. Ces dispositions sont bonnes ; elles
comblent la lacune que nous avons signalée
dans la jurisprudence du Conseil d'Etat, et
concilient dans une juste mesure les droits
des entrepreneurs avec les nécessités que la
bonne répartition des crédits impose à l'Administration. Si nous avons à exprimer un
regret, c'est que la circulaire en restreigne
l'application aux grands travaux publics, et
que le bénéfice n'en soit pas étendu à toutes
les entreprises régies par l'arrêté du 16 novembre 1866.

17. Toutefois, si ces clauses sont bonnes en
principe, elles ont besoin d'être appliquées
avec équité ; c'est à cette condition que le
vœu exprimé par M. le Ministre des travaux
publics se réalisera et qu'elles « attireront
aux adjudications de nos grands travaux
publics des entrepreneurs sérieux qui s'en
tenaient éloignés à raison de l'incertitude de
la durée de l'exécution de l'entreprise à soumissionner. » Il faut que l'indemnité éven-
tuelle qu'elles renferment soit établie d'une
manière impartiale, en tenant compte de
tous les éléments de préjudice que le retard
apporté dans l'exécution des travaux pourra
causer à l'entrepreneur.

Ces éléments sont, du reste, faciles à déterminer ; la circulaire en fait une énuméra-
tion à laquelle nous aurons peu de chose à

ajouter. Pour la fixation de cette somme, dit la circulaire, « on tiendra compte de la partie des frais généraux indépendante de l'activité imprimée aux travaux, des dépenses d'entretien du matériel inactif, et de l'intérêt tant du capital que ce matériel représente que du fonds de roulement nécessaire à l'entreprise. » Ce dernier élément devra comprendre les intérêts du cautionnement et de la retenue de garantie. Il y aura lieu également de tenir compte de la perte de temps imposée à l'entrepreneur, car son temps fait aussi partie du capital engagé dans l'entreprise. En évaluant consciencieusement le préjudice que l'entrepreneur aura à subir de ces différents chefs, si les travaux sont suspendus pendant une année, on obtiendra la somme qu'il conviendra de porter au cahier des charges. C'est une expertise préalable, confiée au rédacteur du projet, et dont les motifs devront nécessairement être développés dans le rapport à l'appui.

18. Il ne nous reste plus, pour terminer ce sujet, qu'à faire deux observations. La première, c'est que les nouvelles clauses proposées par le Conseil général des ponts et chaussées ne font pas obstacle au droit qui appartient à l'entrepreneur, en vertu de l'art. 34 des conditions générales, de demander la résiliation du marché en cas d'ajournement des travaux pendant plus d'une année.

La seconde, c'est que ces clauses ne s'appliquent, d'après la rédaction proposée dans la circulaire, qu'au cas où la durée de l'entreprise se trouve prolongée « à raison de

l'insuffisance des crédits. » Nous ne ver-
rions, pour notre part, aucun inconvénient
à les étendre et à appliquer la même règle
à tous les cas de ralentissement des travaux.

CHAPITRE IV

SECONDE RÉFORME INTRODUITE PAR LA CIRCU-
LAIRE. — LIMITATION DE L'INDEMNITÉ DUE A
L'ENTREPRENEUR EN CAS DE RÉSILIATION DU
MARCHÉ.

19. Nous passons à la seconde réforme
proposée par le Conseil général des ponts et
chaussées et adoptée par M. le Ministre des
travaux publics.

Ce n'est pas sans regret que nous abor-
dons cette dernière partie de notre tâche.
La circulaire du 14 avril porte le nom d'un
de nos anciens confrères : c'est une raison
pour laquelle nous aurions aimé à nous y
associer entièrement. Cependant, il nous
est impossible de ne pas faire nos réserves
et de ne pas en appeler, sur certains points,
du Ministre des travaux publics de 1877 à
l'auteur du *Traité des Travaux publics de
1862*.

20. Les différents cas de résiliation prévus
par le cahier des clauses et conditions générales ou résultant des règles du droit civil
sur le contrat de louage d'industrie se divi-
sent naturellement en trois classes :

1° Les cas où la résiliation a lieu par la
seule volonté de l'Administration, conformé-
ment à l'article 1794 du Code civil, ou à raison de faits qui lui sont imputables, tels que
l'augmentation ou la diminution notable des
ouvrages à exécuter ; la modification des

conditions essentielles du marché, la cessation absolue des travaux ou leur ajournement pour plus d'une année ;

2° Ceux où la résiliation est imputable à l'entrepreneur, comme l'inexécution du marché ou des ordres de service ; la faillite, la conclusion d'un sous-traité sans autorisation ;

3° Enfin, les cas où la résiliation provient d'un fait étranger aux deux parties contractantes : par exemple, l'augmentation notable des prix ou le décès de l'entrepreneur.

21. Dans ces derniers cas, la résiliation est pure et simple ; aucune des parties n'a à réclamer à l'autre de dommages-intérêts. Toutefois, par une disposition favorable, l'article 43 du cahier de 1866 autorise les représentants de l'entrepreneur décédé à exiger de l'Administration la reprise, à dire d'experts, du matériel nécessaire pour l'achèvement des travaux.

22. Lorsque la résiliation est prononcée par la faute de l'entrepreneur, ce dernier doit indemniser l'Administration de toutes ses conséquences. A cet effet, l'article 35 des clauses et conditions générales autorise le Ministre des travaux publics à prescrire l'achèvement des travaux en régie ou à ordonner une nouvelle adjudication à la folle-enchère de l'entrepreneur.

Il ajoute que les excédants de dépense qui peuvent résulter de la régie ou de l'adjudication sur folle-enchère sont prélevés sur les sommes qui peuvent être dues à l'entrepreneur, sans préjudice des droits à exercer contre lui, en cas d'insuffisance — et que si, au contraire, la régie ou l'adjudication sur folle-enchère amène une diminution dans les dépenses, l'entrepreneur ne peut réclamer aucune part de ce bénéfice, qui reste acquis à l'Administration.

Ces dispositions, en elles-mêmes, sont conformes au droit commun. Ce qui les rend particulièrement rigoureuses, c'est qu'elle ne s'appliquent pas seulement dans le cas où l'entrepreneur manque à une des conditions essentielles du contrat, comme le prévoit l'article 1184 du Code civil, mais aussi lorsqu'il néglige de se conformer aux ordres de détail qui peuvent lui être donnés au cours des travaux.

23. La justice veut, du moins, que l'Administration accepte, de son côté, les conséquences de sa responsabilité lorsque la résiliation a lieu par son fait. Puisqu'elle exige de l'entrepreneur une indemnité entière, elle doit l'indemniser elle-même dans la même mesure.

C'est ce principe d'équité, méconnu par l'auteur du cahier de 1833, qui a fini par prévaloir en 1866.

A la vérité, le nouveau cahier contient encore, dans un seul cas, une restriction du droit de l'entrepreneur, c'est lorsqu'il se produit une augmentation de plus du sixième sur la masse des travaux ; l'article 30 n'accorde pas, en pareil cas, d'indemnité à l'entrepreneur, en dehors de la résiliation. La circulaire du 21 novembre 1866 explique cette disposition par le motif que les conditions du contrat ne sont pas sensiblement modifiées et que l'entrepreneur ne souffre pas par là même d'un dommage dont il y ait lieu de l'indemniser. Si cette proposition peut ne pas paraître rigoureusement exacte, il faut reconnaître, du moins, qu'il dépend de l'entrepreneur d'exécuter le chiffre de travaux prévu au devis, et qu'ainsi l'article 30 ne présente pas d'inconvénient bien sérieux.

En dehors de cet article, les clauses et conditions générales ne s'écartent pas des règles du droit civil en matière de résiliation. Les articles 34 et 43, notamment, en font une juste application lorsqu'ils disposent qu'en cas de résiliation de l'entreprise, par suite de l'ajournement des travaux, l'entrepreneur recevra une juste indemnité et qu'il pourra exiger la reprise du matériel nécessaire à l'achèvement des travaux.

24. Cependant, la circulaire du 14 avril abroge ces deux dispositions. Sous prétexte de « déterminer d'une manière équitable le » maximum de l'indemnité, » elle prive les entrepreneurs de grands travaux publics des garanties du droit commun, supprime la reprise du matériel par l'Administration et réduit l'indemnité de résiliation à un « *quantum* proportionnel » qui sera fixé par le cahier des charges de chaque entreprise, « sans toutefois que ladite proportion puisse dépasser celle du dixième des dépenses restant à faire. »

Ces nouvelles règles doivent s'appliquer non-seulement dans les cas où la résiliation sera prononcée sur la demande de l'entrepreneur, à la suite de l'ajournement complet des travaux ou du retard anormal que l'Administration leur aura fait subir, mais encore lorsque, dans ces circonstances, l'Administration aura prononcé la résiliation *de sa propre initiative*.

Enfin, les clauses insérées, à titre d'exemple, dans la circulaire, ajoutent que ces dispositions n'auront nullement pour effet de déroger au droit qui appartient à l'Administration de réduire d'un sixième la masse des ouvrages, en vertu de l'article 31 des clauses et conditions générales, de sorte que l'indemnité allouée à l'entrepreneur ne portera que sur le montant des dépenses restant à faire pour exécuter les cinq sixièmes des travaux adjugés.

25. Il n'est pas besoin de faire ressortir la gravité de ces changements.

Si la question du matériel joue un rôle important, c'est surtout dans les entreprises qui ont pour objet l'établissement de chemins de fer, la construction de ponts ou les autres travaux rappelés dans la circulaire du 14 avril. Il en résulte que la position de l'entrepreneur sera d'autant plus précaire, lorsqu'il sera exposé à avoir à sa charge, en cas de résiliation, un matériel d'une valeur relativement considérable.

D'un autre côté, on comprend que l'Administration ne veuille pas s'embarrasser d'un matériel spécial, qui peut être inutile

pour l'exécution de ses nouveaux projets.
Mais alors la justice veut qu'elle substitue
une indemnité pécuniaire à la reprise du
matériel en nature.

Cela est tellement vrai que, si l'art. 43 était
effacé du cahier des conditions générales, le
Conseil d'Etat n'hésiterait pas à faire entrer
la valeur du matériel en ligne de compte
dans le calcul de l'indemnité due à l'entrepreneur en vertu de l'art. 34. On peut
même dire que, si la disposition de l'art. 43
avait sa raison d'être sous l'empire du cahier de 1833, qui limitait l'indemnité de
résiliation au cinquantième des dépenses
restant à effectuer, elle n'a plus la même
utilité depuis que le cahier de 1866 a fait
disparaître cette restriction. Le droit commun suffit, puisqu'il oblige l'Administration
à indemniser l'entrepreneur *de toutes ses
dépenses*, de tous ses travaux et des bénéfices
qu'il aurait pu réaliser (art. 1794 du Code
civil) ; il produira nécessairement un accord
entre les parties pour traiter sur la base de
la reprise du matériel ou sur la base d'une
indemnité pécuniaire.

26. Ainsi, en admettant que la circulaire
du 14 avril se bornât à abroger l'art. 43 des
clauses et conditions générales en ce qui
concerne les grands travaux publics, elle
établirait entre les entreprises une diffé-
rence qui pourrait être regrettable, mais
elle ne s'écarterait pas des principes de
l'équité et des règles du droit commun.

Malheureusement il n'en est pas ainsi.
Après avoir effacé l'art. 43, elle s'attaque à

l'art. 34 du cahier et, par suite, à l'art. 1794 du Code civil. Elle supprime l'indemnité due à l'entrepreneur pour *ses dépenses* et ne lui laisse, pour représenter ses bénéfices, qu'un *quantum proportionnel* au montant des dépenses ou plutôt d'une partie des dépenses restant à faire, et qui ne peut pas dépasser le dixième de ces dépenses.

Sur quelles bases le rédacteur du devis devra-t-il se fonder pour établir, dans la limite du dixième, le « *quantum proportionnel* » particulier à l'entreprise ? La circulaire ne le dit pas, et on serait bien embarrassé pour le dire à sa place. En réalité, ce sera l'arbitraire.

C'est le principe, si longtemps réclamé, de l'application du droit commun aux marchés de travaux publics, qui disparaît ; c'est le cahier de 1833 qui remplace, à son tour, le cahier de 1866.

27. Et cependant, parmi les auteurs qui ont écrit sous l'empire des anciennes clauses et conditions générales (V. notamment M. Cotelle, 3e édit., t. III, p. 89 et 245 ; Dalloz, *Travaux publics*, n° 759 ; Chatignier), il n'en est pas qui se soit élevé avec plus de force contre la disposition restrictive de l'art. 40 ni qui ait réclamé avec plus d'éloquence l'application de la loi commune aux marchés de travaux publics, que l'auteur du *Traité théorique et pratique des travaux publics*. Il nous faut citer ses paroles, car nous ne saurions faire voir avec la même autorité et le même talent les dangers de la disposition à laquelle

l'Administration des travaux publics a donné son approbation.

Après avoir montré dans les dispositions de l'art. 40 une dérogation formelle à l'article 1794 du Code civil, M. Christophle continue en ces termes :

« Cette dérogation au droit commun semble due à cette fausse idée, que l'Etat n'est pas, vis-à-vis des entrepreneurs de travaux publics, dans la situation d'un particulier vis-à-vis d'un autre particulier. Pour certaines personnes, l'intérêt général, dont il est la personnification la plus élevée, légitime et justifie ces dispositions exceptionnelles qu'on rencontre fréquemment en matière administrative. Cette appréciation erronée des droits de l'Etat a engendré, par une sorte de compensation déplorable, cette maxime à l'usage de certaines personnes, qu'on peut tout se permettre contre les intérêts du Trésor. C'est un état de guerre permanent.

Pour rétablir l'équilibre et ramener les particuliers à l'exacte observation de leurs devoirs, il est juste que l'Etat donne le premier l'exemple de la modération et consente à descendre de cette sphère inaccessible aux lois qui régissent tout le monde. C'est en acceptant la loi commune quand elle le blesse qu'il la fera respecter quand elle lui est favorable.

Nous croyons donc que les cahiers des charges devraient se borner à rappeler que l'entrepreneur a le droit d'exiger une indemnité en cas de résiliation. En rendant ainsi à la juridiction contentieuse une liberté complète d'appréciation, et en lui permettant d'accorder une réparation égale au préjudice souffert, l'Administration ferait une chose juste et en même temps profitable. Son intérêt, non moins que l'équité, la convient à renoncer à ces conditions qui exercent la plus détestable influence sur les rapports des entrepreneurs avec elle. » (*Traité des travaux publics*, t. Ier, n° 566.)

28. Nous voulons espérer que ces sages conseils ne seront pas perdus et que M. le Ministre des travaux publics ne poursuivra pas l'application de la circulaire du 14 avril, en tant qu'elle s'écarte des dispositions de l'article 34 des clauses et conditions générales et de l'article 1794 du Code civil. S'il en était autrement, le but que se propose l'Administration « d'attirer aux adjudications de nos grands travaux publics les entrepreneurs sérieux qui s'en tenaient éloignés, » nous paraîtrait bien compromis, car la garantie qui leur est donnée relativement à la durée des travaux ne suffirait pas pour leur faire perdre de vue les dangers qu'ils auraient à courir en cas de résiliation.

29. L'interprétation donnée par la circulaire à l'article 34 des clauses et conditions générales aggrave encore la nouvelle situation faite aux entrepreneurs.

Cette interprétation est contraire à la jurisprudence du Conseil d'Etat, nous l'avons vu au paragraphe 7. Le Conseil ne déduit, pour calculer l'indemnité de résiliation, ni le sixième du montant de l'entreprise, ni la valeur des travaux imprévus ordonnés en cours d'exécution (arrêt précité du 7 janvier 1876). Il en résulte qu'en établissant une règle différente pour les entreprises régies par la circulaire du 14 avril, l'Administration crée à leur préjudice une inégalité fâcheuse.

Elle est également contraire au texte et à l'esprit de l'article 34. En réservant à l'Administration la faculté d'*augmenter ou de diminuer* la masse des ouvrages jusqu'à concurrence d'un sixième, l'auteur des clauses et conditions générales a voulu lui donner le moyen d'opérer les changements qui seraient reconnus nécessaires en cours d'exécution ; il n'a pas entendu lui permettre de régler avec l'entrepreneur, en cas de résiliation, en supposant une augmentation ou une diminution qui n'a pas eu lieu réellement. De même que l'Administration ne peut distraire de l'entreprise une partie des travaux adjugés, pour les confier à un autre entrepreneur, de même elle ne saurait distraire de l'indemnité de résiliation une partie des bénéfices que l'entrepreneur aurait réalisés sur ces travaux.

Voilà le sens et la portée de l'article 34 du cahier des clauses et conditions générales ; voilà le droit commun consacré par la jurisprudence du Conseil d'Etat. Il serait fâcheux d'en priver les entrepreneurs des grands travaux publics.

Circulaire de M. le Ministre des Travaux publics à MM. les Préfets.

———

Paris, le 14 avril 1877.

Monsieur le Préfet, l'article 34 des clauses et conditions générales imposées aux entrepreneurs des travaux des ponts et chaussées par l'arrêté ministériel du 16 novembre 1866 a donné lieu à diverses appréciations qni m'ont paru de nature à créer une jurisprudence dangereuse pour les intérêts de l'Etat. La qnestion présente un caractère tout particulier d'opportunité, en ce moment où le département des travaux publics est appelé à préparer d'importantes adjudications pour la construction des chemins de fer et l'amélioration de nos voies navigables.

J'ai, en conséquence, invité le Conseil général des ponts et chaussées à examiner ce qu'il y aurait à faire à ce sujet, et je viens, monsieur le Préfet, vous entretenir du résultat de cet examen.

Le cahier des clauses et conditions générales du 25 août 1833 renfermait les dispositions suivantes :

« Art. 36. — Dans le cas où l'Administration or-
» donnerait la cessation absolue ou l'ajournement
» indéfini des travaux adjugés, l'entrepreneur
» pourra requérir qu'il soit procédé de suite à la
» réception provisoire des travaux exécutés et à
» leur réception définitive, après l'expiration du dé-
» lai de garantie, Après la réception définitive, il
» sera, ainsi que sa caution, déchargé de toute ga-
» rantie pour raisou de son entreprise. »

« Art. 40. — Dans le cas prévu par l'article 36...
» les outils et ustensiles indispensables à l'entre-
» prise, que l'entrepreneur ne voudra pas garder
» pour son compte, seront acquis par l'Etat.

» Les matériaux approvisionnés par ordre et dé-
» posés sur les travaux, s'ils sont de bonne qualité,
» seront également acquis par l'Etat au prix de l'ad-
» judication.

» Les matériaux qui ne seraient pas sur les tra-
» vaux resteront au compte de l'entrepreneur;
» mais, tant pour cet objet que pour toutes autres
» réclamations, il pourra lui être alloué une in-
» demnité qui sera fixée par l'Administration et qui,
» dans aucun cas, ne devra excéder le cinquantième
» du montant des dépenses restant à faire en vertu
» de l'adjudication. »

Lorsqu'il a paru nécessaire de réviser l'arrêté ministériel de 1833, on a fait observer que les expressions de l'article 36 : ajournement indéfini, manquaient de précision et que la proportion du cinquantième énoncée à l'article 40 s'éloignait beaucoup de la règle du droit commun, telle qu'elle est posée par l'article 1794 du Code civil, ainsi conçu :

« Le maître peut résilier le marché à forfait, quoique l'ouvrage soit déjà commencé, en dédommageant l'entrepreneur de toutes ses dépenses, de tous ses travaux et de tout ce qu'il aurait pu gagner dans son entreprise. »

L'Administration a, en conséquence, dans l'arrêté du 16 novembre 1866, substitué aux articles susmentionnés les dispositions suivantes :

« Art. 34. — Lorsque l'Administration ordonne la
» cessation absolue des travaux, l'entreprise est im-
» médiatement résiliée.

» Lorsqu'elle prescrit leur ajournement pour plus
» d'une année, soit avant, soit après un commence-
» ment d'exécution, l'entrepreneur a le droit de de-
» mander la résiliation de son marché, sans préju-
» dice de l'indemnité qui, dans ce cas comme dans
» l'autre, peut lui être allouée, s'il y a lieu.

» Si les travaux ont reçu un commencement d'exé-
» cution, etc... »

« Art. 43. — Dans le cas de résiliation, prévu par
» l'article 34, les outils et équipages existant sur
» les chantiers et qui eussent été nécessaires pour
» l'achèvement des travaux sont acquis par l'Etat,
» si l'entrepreneur en fait la demande, et le prix en
» est réglé de gré à gré ou à dire d'experts. »

En comparant les deux textes, on voit que celui

de 1866 diffère du premier, en ce sens qu'il précise la durée de l'ajournement qui peut donner lieu à résiliation et qu'il s'abstient de toute limitation, en ce qui touche le chiffre de l'indemnité pouvant être accordée à l'entrepreneur, pour le dédommager des avantages dont il serait privé par le fait de cette résiliation.

Cependant, ces nouvelles dispositions n'ont pas fait disparaître toute difficulté, et si elles peuvent être considérées comme plus équitables en faveur des entrepreneurs, elles paraissent avoir, dans une certaine mesure, compromis les intérêts de l'État.

Il est arrivé, en effet, que la résiliation a été prononcée, soit parce que l'ajournement était prescrit pendant plus d'une année, soit parce que le Conseil de préfecture avait jugé que les crédits ouverts n'étaient pas en rapport avec les dépenses d'installation de l'entrepreneur ; l'Administration s'est trouvée, alors, en présence du principe établi par l'article 1794 du Code civil, c'est-à-dire dans l'obligation de dédommager l'entrepreneur de toutes ses dépenses, de tous ses travaux et de tout ce qu'il aurait pu gagner dans son entreprise.

On comprend que, lorsqu'il s'agit de travaux de routes, le matériel employé à ces travaux est trop peu important, eu égard à la somme de dépense, pour qu'il y ait lieu, de ce côté, de redouter de grands embarras. Mais il n'en est pas de même pour d'autres catégories d'entreprises, telles, par exemple, que celles qui ont pour objet l'établissement de chemins de fer, la construction de ponts ou autres ouvrages d'art, l'exécution de travaux à la mer, etc. Dans ce dernier cas, une dépense relativement considérable s'impose pour le matériel seul.

La question des crédits, lorsqu'il s'agit d'une entreprise importante, n'est pas moins délicate. Tout entrepreneur sérieux, en se présentant à une adjudication, doit chercher à se rendre compte du temps qui sera employé à l'exécution complète des travaux qu'il soumissionne. Le temps est, en effet, l'un des éléments essentiels de la dépense ; cependant, la durée d'exécution n'est généralement pas limitée dans les projets de travaux publics qui servent de base aux adjudications, et si on l'indique quelquefois, ce n'est qu'à titre de simple renseignement et sans engager à aucun degré l'Administration, qui ne peut elle-même, en effet, disposer à l'avance de crédits non votés.

Cette liberté absolue que l'Administration est obligée de se réserver, a souvent pour conséquence d'imposer aux entrepreneurs des charges imprévues, et par cela même peu équitables, si, au lieu d'ajourner indéfiniment les travaux ou de les suspendre pendant plus d'une année, seuls cas prévus par l'article 34, elle ne peut accorder pendant plusieurs années successives que des crédits hors de proportion avec les dépenses d'installation et avec l'importance de l'entreprise. Aussi, bien que le cahier des clauses et conditions générales soit muet à cet égard, il arrive que, dans des cas semblables, l'Administration prononce souvent d'elle-même la résiliation de l'entreprise ou que les Tribunaux administratifs, par des décisions plus conformes à l'équité qu'au droit rigoureux, assimilent le ralentissement des travaux à cette suspension ou à cet ajournement prévu par l'article 34. C'est ainsi que les Conseils de préfecture, peu familiers avec l'art des constructions, et s'appuyant sur les règles du droit commun, sont amenés à appliquer, souvent au grand détriment du Trésor, l'article 1794 du Code civil, dont le principe est rigoureusement juste, mais dont l'application présente tant de difficultés et d'incertitude.

Les considérations qui précèdent portent à regretter deux choses : la première, que le cahier des clauses et conditions générales n'ait pas prévu le cas d'un ralentissement anormal dans la marche des travaux ; la seconde que, supprimant l'indication de tout maximum, dans le chiffre de l'indemnité, il puisse compromettre les intérêts du Trésor, au delà de ce que peut réclamer l'équité. Cependant, ces deux lacunes n'ont d'inconvénient ou de danger sérieux, comme nous l'avons dit, que pour les entreprises importantes dont la durée embrasse plusieurs années, ou qui, en raison de leur nature, nécessitent l'emploi d'un outillage spécial et dispendieux ; le Conseil général des ponts et chaussées n'a pas pensé qu'il fût utile de modifier les dispositions de l'arrêté de 1866, mais il a estimé que, pour les cas signalés ci-dessus, il convenait d'introduire à l'avenir, dans les devis des projets, des clauses spéciales destinées à compléter les clauses et conditions générales.

Ces clauses spéciales seraient de deux natures :
les unes auraient pour objet de rassurer l'entrepreneur contre les pertes qne pourrait lui faire éprouver l'insuffisance des crédits et de supprimer toute contestation, même lorsque les travaux subiraient un ralentissement imprévu ; les autres, de déterminer d'nne manière équitable le maximum de l'indemnité pour le cas où la résiliation serait prononcée à la suite d'un ajournement complet des travaux ou d'un retard anormal que l'Administration se trouverait obligée de leur faire subir.

Dans un pareil ordre d'idées, le cahier des charges pourrait indiquer entre deux limites assez rapprochées la durée probable des travaux.

Au delà de la limite extrême et pour chaque exercice en dehors de cette limite, on stipulerait le paiement d'une somme fixe qui s'ajouterait au prix des travaux, et serait déterminée à l'avance : pour la fixation de cette somme, on tiendrait compte de la partie des frais généraux indépendante de l'activité imprimée aux travaux, des dépenses d'entretien du matériel inactif, et de l'intérêt tant du capital que ce matériel représente que du fonds de roulement nécessaire à l'entreprise.

Pour le cas où cette limite extrême serait dépassée d'nn nombre d'années également déterminé et à l'expiration de chacun des exercices suivants, l'Administration et l'entrepreneur, chacun de son côté, auraient la faculté de provoquer la résiliation sous réserve du paiement d'une indemnité; il appartiendrait aux ingénieurs, dans chaque cas particulier, après en avoir développé les motifs dans le rapport à l'appui, de fixer le quantum proportionnel de cette indemnité, sans toutefois que ladite proportion puisse dépasser celle du dixième des dépenses restant à faire.

Pour mieux préciser ces conclusions, le Conseil a indiqué, en prenant des chiffres arbitraires, la rédaction qui lui a semblé pouvoir être donnée a ces clauses particulières pour des entreprises importantes et d'une nature spéciale.

Dans le cas, par exemple, de l'adjudication d'une jetée évaluée à 1,200,000 francs, le devis renfermerait les stipulations suivantes :

1° L'entrepreneur prendra les mesures nécessaires pour que les travaux puissent être exécutés dans un délai de (*trois*) années ;

2° Si cette durée, à raison de l'insuffisance des crédits, est portée à (*quatre*) années, il ne pourra élever, de ce fait, aucune réclamation ;

3° Passé ce délai et pour chacune des années ultérieures, l'entrepreneur aura droit, en dehors du prix des travaux, à l'allocation d'une somme fixe de..... diminuée du rabais de l'adjudication ;

4° A l'expiration de la (*sixième*) année, l'Administration, sur la demande de l'adjudicataire, prononcera la résiliation de l'entreprise; elle pourra également la prononcer de sa propre initiative.

Dans l'un et l'autre cas, il sera alloué à l'entrepreneur une indemnité égale au.... du montant des dépenses restant à faire en vertu de l'adjudication, après le retranchement d'un sixième réservé ci-dessous.

5° Les dispositions de l'article qui précède sont applicables au cas de la cessation absolue des travaux ou de leur ajournement pour plus d'une année.

Elles n'auront d'ailleurs nullement pour effet de déroger au droit, qui appartient à l'Administration, de déduire d'un sixième la masse des ouvrages, en vertu de l'article 31 des clauses et conditions générales.

J'adopte de tous points, Monsieur le Préfet, les conclusions du Conseil général des ponts et chaussée. Je ne mets pas en doute que la voie dans laquelle entre l'Administration, en même temps qu'elle préviendra des contestations regrettables, n'attire aux adjudications de nos grands travaux publics des entrepreneurs sérieux qui s'en tenaient éloignés en raison de l'incertitude de la durée de l'exécution de l'entreprise à soumissionner.

Je vous prie de m'accuser réception de la présente circulaire dont j'adresse une ampliation à MM. les Ingénieurs.

Recevez, Monsieur le Préfet, l'assurance de ma considération la plus distinguée.

Le Ministre des Travaux publics,

ALBERT CHRISTOPHLE.

www.ingramcontent.com/pod-product-compliance
Lightning Source LLC
Chambersburg PA
CBHW050802070726
47595CB00015B/1808